COMPTE RENDU

PAR

M. PIRAULT DES CHAUMES,

MAIRE DE NANTERRE,

A SES ADMINISTRÉS,

LE 12 OCTOBRE 1817.

Pasciturin vivis livor : post fata quiescit :
Tunc suus ex merito quemque tuetur honor.

IMPRIMERIE DE Mᵉ. JEUNEHOMME-CRÉMIÈRE,
RUE HAUTEFEUILLE, N° 20.

1817.

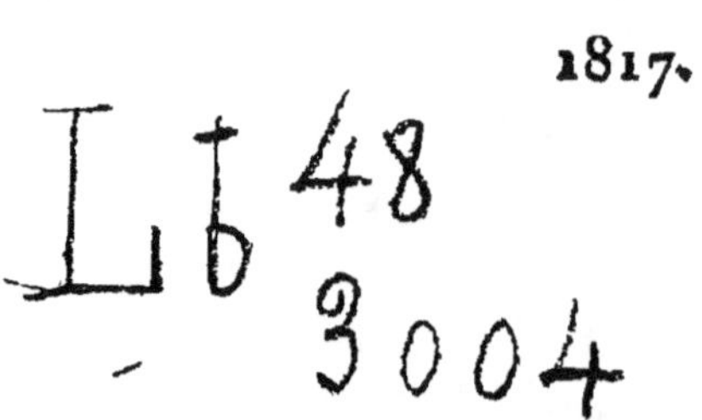

MESSIEURS,

J'AI désiré vous réunir une dernière fois. J'ai pensé qu'il était digne de vous et de moi que je misse sous vos yeux le compte de l'administration qui me fut confiée, et dont je dépose la charge.

J'ai, en acceptant la conduite de cette commune, promis d'être sévère aux méchans. Je n'ai fait avec eux aucune transaction. Tant qu'ils peuvent nuire, l'honnête homme, revêtu de quelque pouvoir, les doit combattre; il ne leur doit son mépris qu'alors qu'ils sont réduits à la nullité.

J'ai sévi avec exactitude contre tous ceux qui ont blessé le droit d'autrui. Je leur apprenais ainsi, ce qu'on eût dû pratiquer avant moi, que ce n'est qu'au travail qu'on doit demander son bien-être, et j'ai assuré ainsi au cultivateur laborieux la douce récompense de ses peines.

Ce soin n'a pas été sans profit pour moi. J'ai eu le plaisir de remarquer que les délits ruraux sont devenus plus rares; ma surveillance a donc profité aux honnêtes cultivateurs, et les mœurs sont donc devenues meilleures.

Les pauvres de cette commune profitaient peu de vos bienfaits avant moi. L'administration était sans énergie pour eux, et donnait une direction vicieuse aux produits de vos libéralités. Les quêtes étaient faites sans zèle; les sommes recueillies n'étaient point contrôlées. A la fin de chaque année, les quêteuses venaient déclarer ce que la charité leur avait accordé; la somme de vos bienfaits s'élevait toujours à 200 francs, et elle était attribuée au traitement des indispositions légères des pauvres malades.

J'ai proposé de réformer tous ces abus. Un réglement, qui a obtenu la sanction du bureau de bienfaisance, a disposé tout autrement; et, il faut le dire, le moment où le réglement fut exécuté, fut pour les pauvres l'aurore d'un beau jour. Ils n'ont pas été trompés : les quêtes ont été à plus de 500 francs pour la première année; et la même proportion se retrouve déjà dans les recettes pour l'année courante.

Votre bon cœur m'a fourni d'autres ressources. J'ai mis vos dons individuels à profit; et, bien que l'année écoulée ait été calamiteuse, vos pauvres ont été traités avec une tendresse qu'ils n'avaient jamais connue; et leur revenu fixe s'est augmenté d'une rente de 200 francs inscrite en leur nom au grand livre.

Tout mon secret, Messieurs, pour réaliser ces bons effets, est dans l'amour que je porte aux hommes. Il m'a toujours inspiré du désintéressement, et donné les leçons d'une économie sans parcimonie et d'une libéralité sans profusion.

Les esprits étaient inquiets alors; je parle du mois de mars 1816. Vingt-un d'entre vous étaient dénoncés comme ennemis du repos de notre pays; ils étaient dangereux ici pour un homme dont il fallait enfin anéantir l'influence cupide; ils ne semblaient pas devoir la tolérer. La dénonciation faite contre eux les signala à ma bienveillance et bientôt à mon estime. La calomnie est un assassinat, mais elle a comme le poison son utilité. La vertu, qu'elle voudrait ternir, brille après la lutte d'un éclat qu'elle n'eût point eu sans elle. C'est parmi ces Français pieux envers le roi et la patrie, que j'ai désigné les chefs de la garde nationale de Nanterre, de cette garde qui, quelque peu nombreuse qu'elle soit, a cependant, pour son bon esprit et son excellente tenue, mérité d'être citée avec distinction par les princes du sang auguste du souverain.

Je ne vous parle point de mes soins,

de mes travaux, de mes sacrifices pour la former; elle était utile, indispensable, et je dus m'appliquer à la rendre digne du chef-lieu.

Oui, Messieurs, digne du chef-lieu qu'on a voulu vous enlever pour le transporter et le constituer à Courbevoye; j'ai dû lutter, et je l'ai fait heureusement : il vous a été conservé. J'ai fait plus, j'ai voulu que vous me fussiez redevable de la prérogative qui y est inhérente, je veux parler de la justice de paix; j'ai obtenu l'ordre formel qu'elle fût rétablie dans ce bourg, qui en était privé depuis trois ans; et je sollicite depuis six mois, ce qui, je vous le proteste, sera réalisé avant la fin de la session prochaine des chambres, l'exécution de l'ordre donné par la loi au juge de paix de résider au chef-lieu.

Que n'ai-je pu réparer tous les maux faits au pays avant mon administration! L'exploitation du commerce des chaircuitiers forains y aurait lieu depuis long-temps ; et depuis long-temps les habitans de Nanterre ne seraient plus privés de 1500 francs par semaine que ce commerce, exploité à Nanterre, répandait dans le pays.

J'ai dû porter ma sollicitude sur un objet d'une si haute importance pour la commune. Elle lui promet l'abondance; et c'est, de toutes les choses que j'ai faites bien pendant ma vie, celle qui sourit le plus à mon cœur. Journaliers, classe honnête et laborieuse, que je me plais à louer ici, parce que j'ai eu l'occasion de vous apprécier, nous vous rendrons le travail que cette déportation de l'industrie vous a enlevé. Nanterre alors aura son monument à citer, et ses habitans seront heureux au sein d'une commune dont la classe utile des chaircuitiers aura doublé le revenu (1).

---

(1) Les chaircuitiers forains ont souscrit en mes mains

Il ne suffisait pas de travailler à l'aisance commune, il fallait aussi s'occuper de ceux qui dans l'ordre social doivent nous remplacer. J'ai porté les regards de mon intelligence sur la manière dont vos enfans étaient enseignés dans les écoles; j'ai vu, avec douleur, qu'après huit ans d'application par eux et de sacrifices par vous, ils étaient encore dans l'ignorance de ce qu'ils eussent dû savoir.

Le roi protégeait un nouvel art d'enseigner; moi, j'ai osé m'associer à sa généreuse bienveillance, et je vous ai donné, au prix de sacrifices marquans, dont je bénirais l'emploi, si l'iniquité de quelques-uns n'eût pas en partie trahi mon espoir; je vous ai, dis-je, donné l'enseignement mutuel; invention plus qu'humaine, qui, dans le cours

---

l'obligation de construire un échaudoir à cent mètres de distance du pays, et au nord, et de verser dans la caisse communale 10 centimes par tête de porc qu'ils y abatteront, ce qui donnerait au pays 6,000 livres de rente de plus.

d'une seule année, a, ici, dans l'école des garçons, enfanté de tels prodiges, que son universalité, pour le pays, est maintenant d'une nécessité qui frappe même les plus malveillans et les plus intéressés à le combattre.

Vos garçons ne croupiront plus huit ans dans la poussière de nos écoles. Après trois ans, instruits de tout ce qu'ils doivent savoir, ils iront, et sans jamais pouvoir l'oublier, parce qu'ils l'auront bien appris, accoutumer leurs bras aux travaux honorables de leurs pères; ils iront, éclairés sur leurs devoirs, comme sur leur art, solliciter ce territoire qui deviendra plus fécond encore sous des mains qu'une instruction ineffaçable aura dirigées.

Que de choses vous manquaient, Messieurs! chef-lieu de canton, comptant une population de deux mille personnes, vous étiez privés de la faveur dont jouit depuis des siècles le plus petit des hameaux : vous n'aviez point de fête de pays. J'ai désiré pour vous cette avantage, j'ai été jusqu'à penser qu'il serait possible de vous faire obtenir un marché qui se fut tenu tous les samedis dans votre commune.

J'ai trop présumé de mes efforts. J'ai obtenu pour vous une fête du pays; elle a été fixée au lundi de Pentecôte. On m'a refusé le marché, il ne m'est, à cet égard, resté que l'honneur d'avoir entrepris de vous en faire jouir.

Une place vous était indispensable, puisque la fête du pays en devait tripler la population; ce qui a eu lieu en dépit de la malveillance et malgré les outrages du temps.

Vous et moi l'avons fait éclore. C'est elle que j'ai choisi pour le lieu de notre dernière réunion, parce que, si vos bras ont agi pour la disposer, ce qui la décore n'a point été pris sur vous ou sur les fonds communaux, parce qu'elle est un monument qui ne périra pas de mon affection pour vous.

C'est le même sentiment qui m'a fait planter la rue du Grand-Champ, et qui vous eût donné cet hiver une autre place agréable à l'œil du voyageur, salubre pour le quartier, en remplacement de cet amas immonde auquel sa difformité a, depuis cinquante ans, fait donner le nom de *Place de la Mazure*. Elle eût été faite pendant l'hiver écoulé, si je n'eusse pas craint d'abuser de votre bonne volonté; mais il est arrêté qu'elle doit avoir lieu. Votre conseil municipal en a émis le vœu; et ce sera la plus douce occupation de M. Mineur de l'exaucer.

Nous gémissions de voir la Maison commune en état de délabrement, étayée et menaçant ruine. L'entrée de la rue Franche était si étroite, qu'une voiture à peine y pouvait passer; la rue du Collége était devenue impraticable l'hiver par le trop plein de la fontaine qui s'y amoncelait en glaçons, et qui interrompait cette communication si importante.

J'ai pourvu à tout : la Maison commune est réparée pour long-temps ; la rue Franche a un ouverture de seize pieds au lieu de huit, et un travail souterrain établi devant la fontaine du Collége, recevant le trop plein des eaux, met cette rue dorénavant à l'abri des inconvéniens que l'hiver y apportait.

Ces travaux, importans pour le pays, étaient la conséquence de mon attention à y maintenir la propreté pour en assurer la salubrité. Nanterre est aujourd'hui plus propre et mieux tenu qu'aucune des autres communes du canton ; et j'aime à vous rendre cette justice, que, pour y introduire la propreté et pour la maintenir, je n'ai jamais été dans l'obligation de recourir à des moyens de sévérité.

Voilà, Messieurs, ce que j'ai réalisé dans votre intérêt, et il n'y a que vingt mois qu'on m'a confié l'administration de votre commune. J'ai beaucoup fait, et cependant je voulais faire davantage. Un homme sans honneur, ennemi du repos de tout, dont l'existence a été, pour le pays qu'il a décimé, un fléau; un homme, l'opprobre de l'administration, puisqu'il n'y a qu'une voix pour l'accuser d'avoir vendu, à toute heure du jour, ce qui est essentiellement gratuit; et d'autant plus dangereux, puisque, sans autorité légale, il avait usurpé sur vous une autorité de fait qui vous opprimait, cet homme n'a cessé de machiner avec ses complices depuis que j'administre : chacun de mes bienfaits pour vous a été l'occasion d'une calomnie nouvelle.

Le misérable ! alors que je vous sacrifiais mon temps, mes économies pécuniaires, tout, jusqu'à mon repos, il allait m'accuser d'être brutal dans mes rapports envers vous, furieux envers vos enfans, et sans mœurs auprès de vos femmes.

J'ai opposé un front d'airain à tant

d'orages. Il fallait lutter pour vous rendre le dernier et le plus important service; cet ennemi public est tombé. Il fallait un homme indépendant de tout pour l'abattre, c'est moi qui vous en ai délivré. Je vous ai donné le repos, et je le prends pour moi à mon tour.

C'est M. Mineur qui va me remplacer. Ceux qui ont le cœur assez bien placé pour regretter un homme de bien, ont une juste raison de se consoler : M. Mineur me fera revivre auprès d'eux. Il a appris avec moi qu'il faut de la fermeté pour bien faire, et il en aura pour protéger les habitans vertueux et pour tenir les méchans dans la dépendance, et la crainte d'une juste et nécessaire sévérité.

Habitans de Nanterre, recevez mes remercîmens. J'ai trouvé en vous ce que j'étais assuré d'y rencontrer, de la reconnaissance. Dans les villes, elle a peu de place pour germer; ici j'ai semé et j'ai fait une heureuse moisson; faites-la partager à M. Mineur : ses utiles conseils m'ont éclairé sur vos besoins ; et si je vous ai été profitable, c'est en suivant ses bons avis que j'ai réussi.

Vous avez été vingt mois sous ma protection, je me remets sous la vôtre ; et si vos yeux se reportent quelquefois sur moi, ce que je désire, vous me trouverez rivalisant avec vous comme particulier pour concourir au bien général de la même manière que je vous ai vu rivaliser avec moi, lorsque j'ai voulu l'opérer.

Vive le Roi !

www.ingramcontent.com/pod-product-compliance
Lightning Source LLC
LaVergne TN
LVHW020504230826
846091LV00008BA/3337
9782011770158